LA

MAISON MORTUAIRE.

LA
MAISON MORTUAIRE

DU

PRINCE ROYAL,

PAR J. B. F.

Naguères ignorés, respectés désormais,
Ces lieux seront chéris par le peuple français.

PARIS,
TERRY, LIBRAIRE-ÉDITEUR,
PALAIS-ROYAL, GALERIE VALOIS, N. 185.

1842.

REGRETS.

Reparlerai-je encor de ce jour désastreux
Qui, brisant des Français et l'espoir et les vœux,
De la joie en son cours renversa tous les charmes,
En faisant des douleurs régner toutes les larmes?
Ma plume s'y refuse, et mon crayon rebelle
Devant ce noir tableau recule, et me rappelle
Qu'il ne peut retracer ces scènes de douleurs
Qui désolent l'esprit et navrent tous les cœurs.
Ah! je le sens; aussi ma voix est impuissante
A retracer, hélas! cette douleur poignante.
Heureux si je puis dire avec simplicité
Le regret que mon cœur à ma main a dicté,
Et si ma plume, unie avec mon sentiment,

Rendait de mes pensers la douleur et l'accent !
Mais sa timidité ne pourrait parvenir
A peindre du passé le triste souvenir.
Je me bornerai donc à parler seulement
De quelques faits obscurs, restés dans le néant,
Et de cette maison qui du Prince royal
Reçut le dernier souffle en un jour si fatal ;
J'éviterai pourtant ce que d'autres ont dit,
Ne voulant me parer des fleurs de leur esprit.

UN TRISTE SOUVENIR!

Ils meurent jeunes ceux que le Seigneur aime.

Les yeux remplis de larmes, essayons de retracer à la France les détails d'un malheur qui a justement ému l'Europe. Des hommes distingués ont écrit avec éloquence les pages de l'histoire lugubre de la mort de monseigneur le duc d'Orléans; leurs ouvrages ont été lus partout avec intérêt, dans les châteaux comme dans les chaumières, car aucune classe de la société n'a oublié le Prince qu'elle idolâtrait.

L'armée déplore un brave général, les artistes un protecteur dévoué, les infortunés un père, un bienfaiteur. Peu de jours avant sa mort, M. le duc d'Orléans, accompagné de son auguste épouse, visitait, dans les hospices, les malades gisant sur leurs lits de douleur : avec quelle douceur, avec quel intérêt ne s'informait-il pas de leur santé ! Il encourageait ceux qui avaient perdu tout espoir de guérison ; par un doux sourire, par d'aimables paroles, il calmait les souffrances aiguës des malheureux ; il tendait la main à chacun, et leur montrait le ciel qui veille toujours sur l'infortune : on eût dit un ange au chevet du lit de la misère.

L'âme vivement émue, il s'arrachait avec peine de ces lieux de tristesse et de larmes pour aller où de nouveaux devoirs l'appelaient, mais il ne s'en éloignait jamais sans y laisser de nombreux gages de sa générosité, de sa munificence. Aussi les malheureux ont-ils toujours présent à la mémoire le souvenir de ses bienfaits, et prononcent-ils son nom avec respect et vénération.

Mais, hélas! il n'est plus. O providence! que tu es terrible! que l'instabilité des choses humaines est surprenante!

Hier encore le Prince dont nous déplorons la mort était plein de santé et de force; il se préparait à revoir les vieux soldats que, si jeune encore, il a tant de fois conduits à la victoire, et aujourd'hui il est ravi à notre amour, et l'on songe à ses funérailles. Mais sa mémoire ne s'éteindra pas, le duc d'Orléans aura un nom dans l'histoire. Il sera présenté aux générations futures comme un modèle à imiter; on dira : Ce fut un Prince valeureux.

La vue des périls ne l'intimida jamais, elle ne fit qu'enflammer son courage. Ce fut un administrateur habile : il connaissait les états de service de chaque soldat; il savait au besoin leur rappeler leurs hauts faits; et lorsque, brisés par l'âge et les fatigues, ils ne pouvaient plus servir la patrie, il leur offrait l'hospitalité dans l'Hôtel des Invalides.

Ce fut un bienfaiteur modeste; il faisait lebien sans se faire connaître, se conformant à ce divin précepte de l'Evangile : « Que la main gauche ignore ce qu'a donné la main droite. »

On nous dira peut-être que nous publions un peu tard ces quelques pages. En les livrant à la publicité, nous espérons intéresser nos lecteurs ; ensuite des circonstances indépendantes de notre volonté ne nous ont pas permis de les produire plus tôt : ces deux raisons doivent faire excuser notre lenteur.

Un écrivain illustre a dit, au commencement d'un ouvrage remarquable sur monseigneur le duc d'Orléans, qu'il n'était jamais trop tard pour rendre à un illustre mort un tribut de regrets et de respect ; nous pouvons ajouter qu'il n'est jamais trop tard pour parler des lieux où a expiré un prince doux et affable.

Quel changement prompt et rapide en peu d'instants ! Une maison jadis pleine de bruit et de gaîté est devenue calme et silencieuse ;

on n'en approche qu'avec crainte et respect, un soupir sur les lèvres.

Ces lieux, qui, par un cas fortuit, ont appartenu à S. M. Louis-Philippe, ont vu la mort de son fils ainé, et maintenant la reine des Français y fait élever une chapelle : noble pensée d'une mère vertueuse!

Dans ce temple sacré, elle pourra pleurer son fils, et, jetant un regard plaintif vers le passé, elle croira le voir encore étendu sur son lit de mort, elle pensera lui entendre prononcer ses dernières paroles, mais, hélas! rêve sans réalité! il ne lui sera plus donné de le presser dans ses bras, de le couvrir de ses baisers.... Ah! qu'elle se console, elle reverra dans le ciel celui qu'elle a perdu sur la terre!

Ce jour, où tant de joies se sont changées en profonde tristesse, où tant d'espérances se sont évanouies pour ne laisser après elles que de cruels regrets, ce jour si tristement remarquable, le 13 juillet au soir, une lugubre nouvelle se répandait dans la capitale. Toutes les bouches répétaient avec l'accent du désespoir les détails les plus circonstanciés d'un affreux malheur arrivé à la porte Maillot dans l'après-midi.

Paris connaissait déjà la perte irréparable qu'il venait de faire et en était consterné. En ce triste moment, toutes les opinions se turent, tous les partis s'unirent pour regretter le Prince royal, car hélas! c'était de lui qu'on on parlait à voix basse, comme si on eût craint d'en trop dire ou de se tromper sur le sens des mots qu'on prononçait. On disait, mais sans l'affirmer, parceque le malheur était trop grand pour qu'on fût convaincu de sa véracité, que le Prince avait été précipité de sa voiture, près de l'entrée du bois de Boulogne, et qu'on l'avait transporté mourant dans la maison d'un épicier, route de la Révolte.

Ma grand'mère possédait une maison route de la Révolte, n. 4, habitée par un épicier. Je pensai aussitôt que c'était peut-être dans cette demeure que monseigneur le duc d'Orléans avait rendu le dernier soupir. La nuit, qui avait déjà succédé au jour dont le souvenir fera longtemps répandre des larmes, m'empêcha d'aller visiter le soir même ces lieux à jamais mémorables, ces lieux qui m'étaient bien connus, mais que je voulais revoir avec l'empressement que j'y aurais apporté s'ils m'eussent été étrangers. Je désirais les interroger afin qu'ils m'apprissent ce que j'appréhendais tant de savoir. Il m'était impossible d'ajouter foi aux paroles que j'avais entendues.

Je me décidai donc à attendre l'aube du jour prochain. Qu'elle fut longue à paraître! La nuit du 13 au 14 juillet me parut une éternité. Persuadé que le Prince royal avait été transporté à la maison de ma grand'mère, de tristes réflexions vinrent m'assaillir pendant mon sommeil.

Comment, me disais-je, est-il possible que ce soit dans une maison aussi humble, aussi modeste, que monseigneur le duc d'Orléans ait rendu le dernier soupir! L'homme en qui reposaient les destinées de la France, le Prince qui habitait les palais les plus riches, les plus somptueux, aurait fini ses jours dans ces lieux sombres et ignorés!

Le brave que les balles ennemies respectèrent si souvent sur les champs d'honneur, alors que, citoyen dévoué à la patrie, il allait porter la valeur de nos armes dans des contrées jusqu'alors inconnues, serait mort aux portes de Paris! Cela est impossible. Par toutes ces raisons, je m'efforçais de chasser loin de moi la vérité, mais en vain, elle venait toujours se présenter à mes yeux.

J'étais plongé dans ces tristes réflexions, lorsque le jour vint à poindre; alors, comme un insensé qui ignore ce qu'il fait, je pars sans adresser la parole à personne. Je marche sans rien voir, tant j'ai l'esprit occupé; après une heure d'une course rapide, j'arrive au détour du chemin de la Révolte, et pousse un profond soupir en pensant que ce devait être là où les chevaux du Prince avaient pris le mors aux dents, sans que le Daumont pût les retenir.

Je comprends alors combien était vraie la nouvelle divulguée la veille. Une foule nombreuse, plongée dans le recueillement et les larmes, est devant une maison, celle-là même où ma pensée s'était d'abord arrêtée. Quel profond abattement sur tous ces visages! qu'ils sont tristes et souffrants! on y lit la douleur et le désespoir. J'entre dans cette cour, naguère si joyeuse, si bruyante, elle est maintenant morne et silencieuse; seulement, par intervalles, elle retentit de sanglots; ce sont des âmes compatissantes qui déplorent la mort d'un Prince que la France entière adorait.

Dans la petite cour réservée près la chambre mortuaire du duc d'Orléans, est du linge teint de son sang précieux.

Déjà on est venu prier instamment de ne point ouvrir cette boutique qui a reçu la veille de si nobles personnages, et qui a été arrosée par des larmes si amères.

Quelques jours après la mort du duc d'Orléans, nous entrâmes avec ma grand'mère dans la chambre où il avait rendu le dernier soupir. Cette chambre, suivie d'un bûcher et le bûcher d'une écurie, n'est éclairée que par une croisée ayant vue sur la cour dont j'ai déjà parlé, ce qui lui donne un aspect mélancolique et sombre.

En y pénétrant, nous éprouvons une sensation impossible à décrire. Je me découvre avec respect comme à l'entrée d'un temple saint. Qu'y a-t-il donc là d'extraordinaire? rien cependant, mais les souvenirs y conservaient encore toute leur force, toute leur puissance.

Quel aspect, dis-je en moi-même, devait avoir ce lieu au moment où l'âme du Prince royal se dégagea de son enveloppe terrestre pour monter à Dieu, au moment où les cieux s'ouvrirent pour la recevoir, où les anges firent retentir leurs chants de gloire et de triomphe!

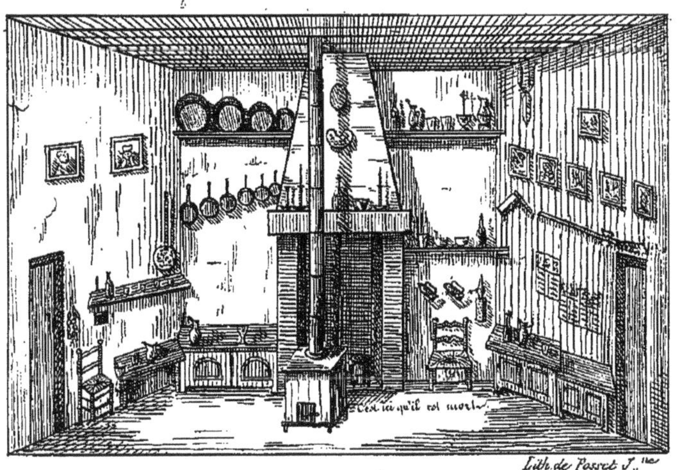

Lith. de Fosset J.ne

Vue de la Chambre Mortuaire de S.A.R.Mgr le Duc d'Orléans.

C'est ici que la religion lui a prodigué ses derniers secours, en présence de sa famille éplorée et d'amis que la mort rend inconsolables! C'est ici que la science vint à son aide, mais, hélas! vainement. O Prince à jamais regrettable, votre vie a été bien courte sur cette terre, mais du moins vous avez répandu des bienfaits sur vos pas, et lorsque vos yeux se sont fermés pour toujours, la crainte ne s'est pas emparée de votre âme : elle n'avait rien à craindre, elle allait vers Dieu pour recevoir la récompense que méritent la vertu et le courage!

Une personne habitant ces lieux, en nous désignant le côté droit de la chambre mortuaire du duc d'Orléans, nous dit : « C'est là qu'il est mort. » Aussitôt quelques larmes roulent dans ses yeux; elle a peine à les contenir. Elle ajoute ensuite en nous indiquant un fauteuil vermoulu : « Ce fauteuil a soutenu la tête mourante du Prince. » Elle ne dit plus rien, les larmes, la douleur l'empêchent de parler.

Triste et chagrin, pour ne jamais oublier ce lieu, pour l'avoir toujours présent à la mémoire, j'en pris alors la vue exacte; je crois plaire à mes lecteurs en la leur offrant.

Quelque temps après, Paris assiste à un convoi funèbre. Quel est ce personnage que toutes les classes de la société conduisent avec tant de pompe? Hélas! personne ne l'ignore, le nom de monseigneur le duc d'Orléans est répété par toutes les bouches.

Aujourd'hui, ce n'est pas cette foule joyeuse qui venait l'admirer en des jours de bonheur, c'est un peuple calme et pensif; il est venu de tous les points de la France pour rendre un dernier hommage à celui que ses vœux appelaient au trône. Dès l'aube, il inonde les Champs-Elysées.

Les troupes sont sur pied, le sac sur le dos, comme si elles allaient combattre l'ennemi. Elles forment un long cordon pour présenter partout les armes au char qui porte des reliques si précieuses.

La garde nationale est à son poste : elle entend toujours la voix de l'honneur et de la patrie.

Le canon gronde dans le lointain et retentit dans tous les cœurs comme un glas funèbre ; il annonce que le cortége funèbre quitte le château de Neuilly pour se rendre à Notre-Dame. Le tambour répond tristement à ces sons douloureux.

Les vieux soldats frémissent, des larmes mouillent leurs paupières. Ils ont assisté à des combats de géants, et la victoire les a couverts de ses couronnes ; ils ont promené la gloire de la France dans tout l'univers ; ils ont foulé les sables de Memphis et les neiges de Moscou sans jamais pâlir, et aujourd'hui ils pleurent. Ah ! c'est qu'ils ont perdu le Prince qui les aimait, qui veillait sur eux comme une mère bienfaisante sur ses enfants.

Nous assistons à ces tristes cérémonies. Ce

cortége imposant émut bien des âmes. Tout le monde ne regrettait-il pas monseigneur le duc d'Orléans, les uns comme leur ami sincère, dévoué, les autres comme un bienfaiteur, un appui !

Que de malheureux sa main compatissante a aidés, que d'orphelins à qui il a tenu lieu de père et de mère ! Aussi le cercueil qui passe lentement sous nos yeux ne renferme-t-il pas seulement le corps d'un Prince illustre, il contient encore celui d'un homme de bien.

Ma grand'mère, à qui ce convoi rappelait de douloureux souvenirs, était attérée. Lorsque les derniers bataillons de cette troupe valeureuse qui sut toujours faire respecter le nom de la France eurent défilé, nous nous rendîmes, sous l'empire d'aussi tristes impressions, dans les mêmes lieux que nous avions déjà visités et qui devaient présenter bientôt un nouvel aspect. Nous allons dire un dernier adieu à cette chambre mortuaire qui devait être remplacée par une chapelle (mon oncle, M. Parmentier, devait en être l'entrepreneur), ce qu'on indiqua dans le contrat de vente dont nous parlerons plus tard. Ce jour-là, nous vîmes cette maison pour la dernière fois.

Peu de temps après elle était démolie, mais seulement la partie qui renfermait la chambre mortuaire ; l'autre ne fut renversée que plusieurs mois après.

Le service funèbre de monseigneur le duc d'Orléans a lieu. Je m'y rends sans être porteur d'un billet d'entrée. Dans l'égarement qui étreint mon âme, j'oublie que je ne suis qu'un simple citoyen. Je me présente devant l'église Notre-Dame, on refuse de me laisser entrer.

Oh! qu'il me fut pénible de ne pouvoir assister à cette solennité, moi qui aimais tant le Prince royal, ne pouvoir unir mes prières à celles de tant d'âmes vertueuses ! Ah ! que n'aurais-je pas donné pour avoir une place dans cette vaste église!

Hélas! je fus privé de ce bonheur, mais du moins j'entendis le bruit du canon qui émut tristement mon âme, les sons des cloches qui, en se plaignant dans les airs, vinrent me dire que la France représentée par ce qu'elle a de plus illustre dans le barreau, dans la médecine, dans les sciences, dans les lettres, rendait les derniers devoirs à un Prince chéri. Je vois entrer quatre princes, les larmes aux yeux: ils vont rendre hommage à la mémoire de leur noble frère. Le canon annonce leur arrivée.

La cérémonie terminée, une foule nombreuse sort de Notre-Dame. Je suis assez heureux pour trouver dans cette multitude de monde un ami qui vient d'assister à un spectacle aussi imposant. Je m'approche de lui, et n'ai rien de plus empressé que de lui demander quelques détails sur ce qui m'intéresse si vivement. Il ne tarde pas à me satisfaire.

Après, me dit-il, que toutes les prières eurent été récitées, monseigneur l'archevêque de Paris, accompagné d'un nombreux clergé, a gravi le catafalque jusqu'à la dernière marche, et là, il a pris de l'eau bénite et en a aspergé le cercueil du Prince royal.

Les évêques qui l'assistaient ont suivi son exemple. Après, sont venus M. d'Appony, comme représentant du corps diplomatique; la Chambre des Députés, en la personne de l'honorable M. Laffitte, son doyen d'âge; M. Pasquier, président de la Chambre des Pairs. Tous ces illustres personnages étaient tristes et plongés dans un profond recueillement; ils faisaient l'admiration du peuple. Mais ce qui a surtout vivement ému tout le monde, c'est la vue du maréchal Soult. Ce vieux guerrier, une des gloires de l'Empire, celui-là même que Napoléon appelait le premier manœuvrier de son temps, a voulu, en qualité de président du conseil des ministres, rendre les derniers devoirs au Prince dont il avait pu apprécier les rares talents.

Il a monté avec peine les quelques marches qui le séparaient des dépouilles mortelles du duc d'Orléans, et, après avoir, d'une main faible et tremblante, jeté sur elles quelques gouttes d'eau bénite, il s'est dirigé vers sa place. Mais qu'il a tardé à l'atteindre! Ses jambes se dérobaient sous son corps, à chaque instant on craignait qu'il ne fît une chute; tous les regards étaient fixés sur lui, et si on n'avait pas été dans un lieu aussi saint, on l'eût applaudi, car toutes les blessures qui ralentissent sa marche, il les a reçues au service de la patrie.

Mon ami ne m'en dit pas davantage; il me quitte aussitôt; il lui tarde de voir sa mère pour lui faire part de toutes les émotions qu'il vient d'éprouver.

Après que tous les corps de l'Etat se furent acquittés du même devoir, il fut donné au peuple de circuler dans l'église, et plusieurs purent à leur tour jeter de l'eau bénite sur le cercueil du Prince royal. J'ai été un de ceux qui ont eu ce bonheur.

Après avoir laissé un libre cours aux réflexions que me suggérait cette cérémonie funèbre, je prie ma grand'mère de me raconter de quelle manière et à quelle époque la maison mortuaire du Prince royal était sa propriété. Elle promit de satisfaire ma demande dans la soirée.

La nuit venue, nous nous asseyons au coin de la cheminée. Je la prie de tenir sa promesse, elle obéit aussitôt.

Avant de transcrire son récit, il est nécessaire que je dise que plusieurs des faits qu'elle me raconta ne se rapportent point à la maison mortuaire; mais, n'étant pas déplacés dans cet opuscule, je vais les citer.

Après quelques moments de silence, ma grand'mère prit la parole en ces termes :

Avant de t'entretenir de la maison mortuaire de monseigneur le duc d'Orléans, je vais parler sommairement des lieux que des souvenirs d'enfance me rendent chers, de Saint-Cloud, de ce château où tant de règnes ont commencé et fini, où tant de faits remarquables s'accomplirent, où habita la noble famille d'Orléans, plus tard celle de l'infortuné Louis XVI, où eurent lieu les débats orageux de la république, où siégeait le conseil des Cinq-Cents, alors qu'un jeune général victorieux en Italie et en Egypte vint la dissoudre, où vécurent les gloires de l'Empire, où Napoléon décidait de la paix ou de la guerre.

Hélas ! sous le règne de ce grand homme, on y célébra bien des fêtes brillantes et joyeuses ; mais pourquoi parler de plaisir et de bonheur lorsque des jours de revers sont venus jeter sur eux un voile de deuil ! . . . .

En 1815, la France devint la proie de toute l'Europe. Les peuples que nous avions vaincus sur tant de champs de batailles se donnèrent rendez-vous dans la ville la plus civilisée du mo nd . . . .

Fiers d'un jour de victoire, ils ne surent pas comme nous respecter le royaume qu'ils avaient conquis, ils foulèrent tout sous leurs pas. Le général Blucher avait établi son quartier-général à Saint-Cloud. Il commit dans ce château les profanations les plus odieuses : il le livra au pillage.

De magnifiques peintures, œuvres de grands artistes, furent détruites, et son parc, qui faisait la juste admiration de tout le monde, fut indignement dévasté.

Le château de Saint-Cloud a été bâti sous le règne de Louis XIV, par le frère de ce monarque. Sur l'emplacement qu'il occupe étaient jadis plusieurs maisons de campagne élégantes. Leur position était des plus gracieuses. Les jardins qui les entouraient comme d'une écharpe de fleurs, répandaient au loin un parfum suave, des ruisseaux limpides murmuraient dans de fraîches prairies, et les abeilles venaient le matin aux premiers rayons du soleil butiner sur les fleurs sans nombre qui y croissaient.

Bien des événements remarquables ont eu lieu dans ces maisons de campagne. Ce fut dans l'une d'elles que le fanatique Jacques Clément assassina Henri III.

Louis XIV acheta toutes ces charmantes demeures agrestes, et son frère, monseigneur le duc d'Orléans, fit construire sur leur emplacement, par trois célèbres architectes, Lépaute, Gérard et Mansard, un château magnifique.

Le célèbre Lenotre en distribua les jardins avec une intelligence remarquable.

Avant la révolution de 1789, le duc d'Orléans possédait dans ce château une précieuse collection de tableaux, tant anciens que modernes, de diverses écoles. Elle était visible pendant plusieurs jours de la semaine. Que ces lieux étaient alors charmants! Tous les arts s'étaient unis pour les embellir. L'architecture y avait puissamment contribué par ses proportions savantes et bien entendues; la sculpture, par des colonnes ciselées avec art, par des statuts admirables; la peinture, par la richesse et l'élégance de son coloris.

La nature y avait aussi déployé toutes ses grâces. Que ce parc est ravissant! On y voit des allées majestueuses qui, pendant l'été, procurent une douce fraîcheur; elles sont si touffues que les rayons du soleil le plus ardent ne peuvent les pénétrer.

Des oiseaux à la voix la plus harmonieuse habitent ces lieux agréables.

Le matin, dès que l'aube paraît, ils font retentir les airs de leurs chants joyeux, et le soir, lorsque le soleil abandonne notre terre, ils chantent encore : hymne de reconnaissance et d'amour qui s'élève de la créature pour monter vers Dieu.

Au printemps, un gazon toujours frais, arrosé par des ruisseaux limpides, invite au repos. Les eaux de la Seine, emprisonnées avec art dans des canaux étroits, jaillissent avec impétuosité et charment les yeux par les courbes gracieuses qu'elles décrivent dans les airs.

Le souvenir de ces lieux doit toujours être

présent à la mémoire de S. M. Louis-Philippe, car c'est là que se sont écoulées ses premières années. Alors le bonheur lui souriait; tous ses rêves se réalisaient; chaque jour lui apportait de nouveaux plaisirs; mais qu'elles ont passé rapidement les heures de félicité!

Jeune encore, il a connu l'infortune, et, depuis, que de malheurs n'ont pas fondu sur lui! Mais rien n'a pu abattre son noble courage, parce qu'il sait qu'il vit pour le bonheur de la France.

En 1782, Saint-Cloud était la propriété de monseigneur Christophe de Beaumont, celui-là même qui eut des démêlés si vifs avec J.-J. Rousseau.

Mon père possédait alors une boulangerie que l'on appelait communément *le four banal.* Aucun habitant de Saint-Cloud et des villages environnants ne pouvait en établir un autre.

Les personnes qui avaient l'habitude de faire elles-mêmes le pain dont elles se nourrissaient, étaient obligées de l'apporter *au four banal,* où on le faisait cuire moyennant une certaine rétribution.

Le cachet de monseigneur l'archevêque était apposé sur chaque pain pour que la fraude ne pût exister.

Le château, qui n'était pas soumis à cette règle, se servait aussi du *four banal*; j'y accompagnais chaque jour la personne chargée par mon père du transport du pain.

Le gouverneur du château nous recevait. Sa résidence était, en entrant à gauche par la cour dite des Suisses, dans un appartement donnant sur la terrasse. A Paris, il demeurait cour des Fontaines, et n'était au château de Saint-Cloud que lorsque la famille d'Orléans y habitait.

Après avoir été reçue par M. le gouverneur, je me rendais dans la galerie qui est au-dessus de l'Orangerie, où je présidais à la distribution du pain faite aux personnes employées au château. Des fenêtres de cette galerie, je voyais souvent S. M. Louis-Philippe. Il avait à cette époque huit ou neuf ans; il se plaisait à jouer dans le jardin de l'Orangerie sous les yeux de monseigneur le duc d'Orléans, son grand-père, à qui appartenait le château : ce noble vieillard ne cessait de le contempler avec plaisir. Il l'appelait des noms les plus doux, les plus aimables, et le jeune enfant se précipitait dans ses bras, et le couvrait de caresses. Qu'il était joli et gracieux! Des cheveux blonds comme l'épi qui va tomber sous la faulx du moissonneur folâtraient au gré du vent sur ses épaules, ses yeux purs et limpides étaient bleus comme l'azur du ciel. Il souriait toujours, et j'ignore quel sentiment me retenait alors comme clouée à cette place ; je ne sais pourquoi je regardais avec tant d'attention ce jeune Prince.

Ah! maintenant je comprends toute mon admiration pour lui. Une voix intérieure m'avait sans doute dit : Cet enfant que tu ne cesses de contempler avec plaisir, sera un jour un très-grand roi, il fera le bonheur de ses sujets. Tout est en germe dans l'enfance, les vertus comme les vices, et comme a dit un poète :

Un astre impérieux nous fait ce que nous sommes,
Et les jeux de l'enfance annoncent les grands hommes.

Après avoir jeté un dernier regard sur le jardin de l'Orangerie, je quittais cette galerie et me rendais à la glacière du château où demeurait le garde, et là je présidais aussi à une distribution de pain.

En 1784, monseigneur le duc de Chartres fit construire un aérostat. Un grand nombre d'ouvriers furent employés à sa confection.

Après qu'on l'eut lancé dans les airs, on l'exposa dans le parc pendant une quinzaine de jours, et chacun put librement le voir.

Alors le ciel était toujours calme et pur, mais un orage devait bientôt éclater, et combien il devait être terrible ! De nombreux abus régnaient en France ; on voulut les détruire et on versa des flots de sang. Ce n'était partout que deuil et misère. Avant de proscrire la noblesse et le clergé, on ignorait qu'un glaive était suspendu sur la France, et que, comme celui de Damoclès (*), il ne tenait qu'à un

(*) Damoclès était un lâche flatteur qui faisait avec bassesse sa cour à Denis le tyran; il lui répétait sans cesse qu'il était le plus grand et le plus heureux monarque de l'univers.

Denis sentant bien qu'il ne pouvait guère ajouter foi à cet éloge, étant sans cesse en proie à la crainte, à la terreur, voulut convaincre du contraire son courtisan. A cet effet, il ordonne un jour que l'on revête Damoclès des habits les plus somptueux, ainsi que de toutes les marques de la royauté. Ainsi vêtu, il le fait assister à sa table à un festin splendide. Pendant qu'il en savoure les jouissances et se croit heureux, une personne l'engage à regarder en haut. Quel ne fut pas son effroi lorsqu'il vit suspendue au-dessus de sa tête une épée nue qui ne tenait qu'à un crin de cheval prête à le tuer au moment même où il s'y attendait le moins! Il pâlit, il frémit et veut quitter sa place. Ses sens sont devenus insensibles aux mets exquis qui lui sont présentés. La musique, dont il n'y a qu'un instant encore il goûtait les charmes, était fil. Ce fil se rompit et tous les malheurs fondirent sur notre belle patrie.

Mais chassons loin de nous ces images terribles, oublions ces temps désastreux où tous les citoyens se fuyaient l'un l'autre, où la paix ne régnait nulle part.

Vers 1785, la reine Marie-Antoinette, ayant acquis le château de Saint-Cloud, y fit faire des changements assez considérables. Elle l'augmenta même de plusieurs bâtiments. Tous ces travaux furent conduits avec activité et nécessitèrent un grand nombre d'ouvriers.

Dans leur nombre se trouvait un jeune homme ayant nom Parmentier. Il venait souvent chez mes parents. Son esprit était éclairé, son caractère bon, aimable, sa conduite irréprochable. Aussi ma famille eut-elle bientôt pour lui un vif attachement.

---

pour lui triste et lugubre. Le temps qu'il passa à table lui parut un siècle, et il ne respira que lorsqu'il lui fut permis de quitter le festin.

Il me demande en mariage, je deviens son épouse. Plus tard viennent ces années douloureuses dont le seul souvenir me fait encore frémir. Alors une agitation terrible règne en France. Le sang coule sur les échafauds.

Le talent, la fortune, la noblesse sont proscrits. Le frère n'ose aborder son frère, craignant de trouver en lui un accusateur; le vieillard est abandonné par ses enfants, la mère par ses filles. Chacun ne pense qu'à soi. Oh! quel temps affreux! Fasse le ciel, mon enfant, que tu n'assistes jamais à de pareilles saturnales!

Pourtant, en ces années de honte et de crime, Dieu ne nous avait pas encore tout à fait abandonnés, il veillait sur nous et nous protégeait de son bras puissant.

Voulant mettre à profit nos dissensions, l'Europe entière se lève comme un seul homme et marche contre nous.

Nos soldats n'ont jamais vu l'ennemi. Ils sont sans pain, sans souliers, mais l'amour de la patrie et de la liberté les anime ; ils se précipitent sur lui, taillent en pièces ses armées, et, pleins de gloire, rentrent ensuite dans leurs foyers.

A cette époque, j'avais à Paris des parents qui étaient dans le commerce; ils m'appelèrent près d'eux, je m'y rendis accompagnée de mon mari; mais, hélas ! toutes les branches d'industrie chômaient alors. Aussi les quittâmes-nous bientôt, et fîmes-nous l'acquisition d'un morceau de terrain situé dans la commune de Passy, près la barrière de l'Étoile.

Mon mari y construisit une maison, et nous vînmes l'habiter en 1795.

Après bien des années de travaux assidus, nous fûmes possesseurs d'un terrain non enclos que nous vendît un ancien notaire. Ce terrain, de la contenance de deux arpents, était sur la route de la Révolte.

Vers 1808, des architectes de Paris vinrent lever le plan de notre maison et en faire l'estimation. A cette époque, on parlait beaucoup du château du roi de Rome, que l'on devait, disait-on, construire à la butte des *Bons-Hommes*, et dont les dépendances devaient atteindre notre propriété.

Le projet nous étant connu, nous nous décidâmes à bâtir sur le terrain dont j'ai déjà parlé, et y construisîmes d'abord le bâtiment formant l'aile droite. Ce bâtiment fut dévasté et pillé par les alliés en 1814.

Cette multitude armée nous fit éprouver des pertes considérables. Mais j'ai hâte de parler de la maison mortuaire du Prince royal.

L'ordre des faits m'y amène enfin, car nous voici en 1815, année où Sa Majesté Louis-Philippe, ayant acheté le château de Neuilly, voulut en agrandir le parc. Pour ce faire, il acheta plusieurs morceaux de terrains nécessaires aux proportions grandioses qu'il désirait lui donner.

Sa Majesté possédait en ce temps-là une étendue de terre adjacente à la route de la Révolte et contiguë à notre propriété dans

Maison Mortuaire

VUE DE LA PROPRIÉTÉ.

toute sa longueur. Cette étendue de terrain, de la forme d'un parallélogramme rectangle, fut échangée contre un autre de la même valeur qu'un fermier possédait dans le tracé du parc.

Par un échange fait avec ce fermier, nous devînmes possesseurs du terrain qui avait appartenu à Sa Majesté. C'est sur ce terrain que fut bâtie la maison formant l'aile gauche. Elle n'était pas encore entièrement achevée lorsque j'eus le malheur de perdre mon mari.

Lorsque la loi sur les fortifications de Paris fut adoptée, que leur tracé fut déterminé, il fut résolu qu'elles passeraient dans le jardin de ma propriété, route de la Révolte. Le génie militaire commence ses travaux sur ce point.

Je lui abandonne les trois quarts de ma propriété. Pour ne pas être à la merci des malfaiteurs, les murs de clôture n'existant plus, l'on se met aussitôt à l'œuvre pour en construire de nouveaux dans une moins grande étendue.

Ces travaux sont à peine achevés, qu'arrive le 13 juillet. Quelques jours après ce déplorable événement, je vois surgir de partout, comme par le coup de baguette d'une fée, des acquéreurs pour ma propriété, qui n'a jamais été à vendre. Ce grand nombre d'offres avantageuses éveille mes soupçons. Il me semble bien singulier, dis-je, que l'on mette tant d'instances à acheter et à payer au-dessus de sa valeur une ferme qu'on ne veut pas céder.

M. de Montalivet, directeur de la liste civile, que je n'avais pas l'honneur de connaître, fut lui-même une des victimes de la juste sévérité avec laquelle je repoussai toutes les demandes qu'on me faisait. Cet administrateur éclairé se rendit directement route de la Révolte, où il demanda à mon fils quelques renseignements sur la maison où était mort le Prince royal. Mais, croyant que c'était encore un acquéreur intempestif, mon fils lui répondit qu'avant de satisfaire sa demande, il désirait savoir pourquoi il la lui faisait. M. de Montalivet lui dit alors qu'il était chargé de l'achat de la propriété sur laquelle il le questionnait. On lui répondit que les détails qu'on lui donnerait ne pourraient lui être d'aucune utilité, puisque cette maison n'était pas à vendre.

M. le directeur de la liste civile déclina alors le nom de la personne pour qui il voulait en faire l'acquisition, et sa demande fut aussitôt agréée.

Peu de jours après, je fus priée de me rendre à son bureau pour faire connaître le prix que je désirais retirer de la vente de ma propriété. Je dis qu'elle valut 110,000 fr. Ils me sont accordés aussitôt.

L'on rédige un acte que je signe, après avoir stipulé, comme faveur, que mon fils construirait la chapelle qu'on doit y élever.

L'achat de ma propriété étant connu, les visites des acquéreurs deviennent plus multipliées encore. Les expressions me manquent pour qualifier leur conduite : ils viennent m'offrir jusqu'à 150,000 fr. de la vente de ma ferme. Vraiment, il faut que ces hommes soient bien vils pour agir ainsi! Car il est évident que si je leur avais vendu ma propriété, ils ne l'auraient cédée à S. M. Louis-Philippe qu'après en avoir retiré un énorme bénéfice.

Ce sont des usuriers qui guettent toutes les occasions pour s'enrichir. Que leur importent les larmes et les cris, leur cœur est plus dur que le marbre! Ils se réjouissent du malheur des autres, parce qu'ils espèrent obtenir de l'or en offrant leurs services.

Ces hommes ne font rien pour rien. Ils ont vu la douleur de la famille royale, et ils sont demeurés insensibles.

Une femme vertueuse, une grande reine, une mère tendre et infortunée accompagne au château de Neuilly le corps inanimé de son fils; elle fait retentir l'air de ses gémissements, et chacun déplore son malheur; mais eux demeurent froids et glacés; ils ne pensent qu'à acheter la maison où le duc d'Orléans vient de rendre le dernier soupir, parce qu'ils ont entendu parler de la piété de la reine, et qu'ils espèrent qu'elle fera bâtir une chapelle pour venir prier dans le lieu même où son fils est mort.

Malheureux ! vous ne vous êtes pas trompés, vos prévisions ont été justes, mais vous n'avez pu réaliser vos rêves d'ambition et de fortune, et j'en suis bien aise, car je n'ai cessé de vous dire que ma propriété ne vous appartiendrait jamais.

J'avais donné ma parole à M. de Montalivet, elle était sacrée; rien n'aurait pu me la faire oublier. Aussi, malgré leurs propositions, plus avantageuses les unes que les autres, j'ai demeuré ferme dans ce que j'avais promis. Voyant le peu d'attention que je faisais à leurs demandes, les acquéreurs se retirèrent, et je ne les vis plus.

Je m'estimai alors heureuse d'avoir vendu mon bien à sa juste valeur. J'éprouvai cette tranquillité de conscience qui accompagne toujours une bonne action, car, je puis le dire sans me flatter, c'en était une.

J'ai vendu ma propriété pour qu'elle appartînt à S. M. Louis-Philippe, je ne l'aurais jamais cédée à une autre personne. On tient aux biens qu'on a acquis par de longues veilles et des travaux assidus, et ma ferme était de ce nombre.

Mais pour un bon Prince qui a marqué par tant de bienfaits son court passage sur cette terre, on doit tout faire. Heureux ceux qui ont pu veiller sur lui à l'heure de la mort; il ne les oubliera pas du haut des cieux d'où il a les regards fixés sur cette belle France qu'il a tant aimée.

Son discours finit ainsi. Je quitte alors mon siége, vivement satisfait de ce que j'ai entendu..... Puisse le lecteur trouver de l'intérêt dans ces quelques pages et être assez indulgent pour excuser les nombreuses fautes qui les déparent !

FIN.

www.ingramcontent.com/pod-product-compliance
Ingram Content Group UK Ltd.
Pitfield, Milton Keynes, MK11 3LW, UK
UKHW020957220726
13924UKWH00002B/745